Das ultimative Cocktail Buch

Exklusive Cocktail Rezepte für jeden Anlass inkl. zeitloser und moderner Cocktail Klassiker

Cocktail Professionals

ISBN- 9798555790194

INHALT

INHALT

EINLEITUNG

So sieht die perfekte Mischung für einen schönen Abend aus: leckere Drinks, ein entspanntes Ambiente. Man möchte einfach relaxen und hat vielleicht etwas zu feiern. Am besten zu Hause – das Bar-feeling in den eigenen vier Wänden liegt derzeit voll im Trend. Vor allem, weil das mixen von Cocktails so einfach geht.

Die zahllosen Flaschen hinter den Profi-Bars täuschen oft : Für die allermeisten Cocktails braucht man meist nur ein, zwei Spirituosen, welche fast jeder zur Hand hat. Sommerlicher Aperol und Mojito Spritz und alkoholfreie Trend-Kreationen wie Himbeer-Melisse-Lassi sowie Klassiker wie Martini und Negroni lassen sich auch Zuhause in einer Minibar selber rühren und schütteln.

Mit unseren Tipps und leicht zu erlernenden Rezepten können Anfänger gleich loslegen. Hausbar-Profis bekommen dafür haufenweise gute Ideen die ihren Horizont erweitern werden.

Denn mal ehrlich: Es gibt einfach oft Momente, da kann uns selbst die schönste Bar nicht locken. Man Relaxt nirgendwo so gut wie im angesagtesten Ort der Stadt: ihren eigenen vier Wänden.

Das Glas Zum Drink

Ein eiskalter Cocktail verdient ein eiskaltes Glas. Unser Tipp: Frosten Sie ein paar Gläser im Tiefkühler vor! Damit sie nicht zu Bruch gehen, vorher einzeln in Geschirrtücher wickeln.

Sekt-/Champagnerglas (15 Cl)

Servieren Sie Sekt- und Champagnercocktails immer in hohen, schlanken Flöten. Darin bleibt die Kohlensäure länger erhalten. Sektschalen geben dem Aroma zwar etwas mehr Raum, dafür wird der Drink darin schneller fad.

Weissweinglas (40 Cl)

Es findet in erster Linie für »Spritz« und andere Drinks Verwendung, bei denen Wein oder Prosecco mit weiteren Zutaten auf Eis gemischt wird. Aber auch ein Brandy Crusta lässt sich prima darin servieren, wenn Sie gerade keine echten Crusta-Kelche zur Hand haben.

Cocktailschale (20 Cl)

Eines der wichtigsten Gläser an der Bar. Die meisten Drinks, die »straight« – also ohne Eis – serviert werden, finden ihren Weg in die Cocktailschale. Durch die breite, flache Form hat der Cocktail eine große Oberfläche und kann sein Aroma bestens entwickeln. Zudem kommt die Farbe des Drinks in diesem Glas besonders gut zu Geltung.

Martinikelch (15 Cl)

Das Glas mit der berühmten V-Form steht wie kein anderes für Eleganz an der Bar. Mit seinem relativ geringen Volumen ist es vorrangig bestimmt für den Dry

Martini Cocktail und dessen Varianten. Aber auch ein Manhattan gibt darin zu jeder Zeit eine gute Figur ab.

Grosses Cocktailglas (40 Cl)

Der »Exot« unter den Gläsern. Das Cocktailglas zeichnet sich weniger durch eine bestimmte Form als vielmehr durch sein großes Fassungsvermögen aus. Es nimmt größere Drinks mit viel Eis und tropische Cocktails wie Piña Colada oder Zombie auf. Große Cocktailgläser gibt es in geschwungener und gerader Form, mit und ohne Stiel. Eine Besonderheit sind die von Südseemotiven inspirierten »Tiki«-Becher, die mit ihren exotischen Fratzen und Mustern besonders gut zu tropischen Rum-Cocktails passen. Es gibt sie aus Glas oder Porzellan.

Tumbler (20 Cl)

Sie bevorzugen Ihre Margarita auf Eis? Ein Gast wünscht seinen Whisky »on the rocks«? Oder soll es doch lieber ein Negroni sein? Alles ein Fall für den Tumbler. In diesen Allrounder mit großem Durchmesser passen viele Eiswürfel, was für Shortdrinks ideal ist. Der Tumbler bietet zudem noch genügend Platz für Dekoration und liegt durch seinen dicken Boden wunderbar in der Hand.

Longdrinkglas (25 Cl)

Einfache Longdrinks brauchen ausreichend Raum und eine Menge Eiswürfel, um lange kalt zu bleiben. Hier bietet sich das geradlinige Longdrinkglas an. Es hat Platz für alle Zutaten und hält durch seine schlanke Form die Kohlensäure bestens in Cuba Libre & Co. Ein weiterer Vorteil: Longdrinkgläser finden sich meist ohnehin schon im Küchenschrank – ideal für die ersten Mixversuche.

Fruchtige Deko

Frische Fruchtstücke und Beeren, Spalten und Schalenstreifen von Zitrusfrüchten oder Minzestängel – etwas Farbe steht jedem Glas gut. Der Trick dabei: Schlicht bleiben, sonst stiehlt die Deko dem Drink die Schau. Für einen Hauch Südsee im Glas sorgt ein Ananaskeil. Dafür von einer ungeschälten Ananas eine Scheibe abschneiden. Die Scheibe dann in Sechstel oder Achtel teilen. So entstehen keilförmige Segmente mit Schale. Die Keile an der Spitze einschneiden und an den Rand des Cocktailglases stecken. Der Klassiker in Sachen Glasdeko ist natürlich die Cocktailkirsche – sie ist vielen aber zu süß. Eine Alternative sind frische Kirschen oder fruchtige Himbeeren.

Spirituosen, Liköre & Co.

Das ist der Stoff, aus dem die Cocktails sind. Aber die Hausbar muss nicht mit dem kompletten Sortiment bestückt sein. Hauptsache, die Zutaten für die Lieblingsdrinks sind da!

Wodka

Die beliebteste Mixspirituose ist aus Getreide oder Kartoffeln gebrannt. Der neutrale Geschmack von Wodka ist perfekt für Fruchtcocktails. Bekannte Marken sind Absolut oder Moskovskaya.

Gin

Der Bar-Allrounder eignet sich besonders für erfrischende Aperitifs. Marken wie Bombay Sapphire, Tanqueray oder Hendrick’s unterscheiden sich geschmacklich oft erheblich.

Rum & Cachaça

Beide werden aus Zuckerrohr gebrannt. Weißer Rum eignet sich für leichte Drinks wie z. B. Mojito, brauner Rum verleiht aromatischen Drinks wie z. B. Zombie Kraft. Gut erhältlich sind die Marken Bacardi, Havana Club, Varadero oder Mount Gay.

Tequila

Der mexikanische Agavenbrand schmeckt pur oder z. B. in einer Margarita. Achten Sie beim Einkauf darauf, dass auf dem Etikett »100 % Agave« steht – wie bei den Marken Sierra oder El Jimador.

Cognac & Brandy

Beides sind Weinbrände. Der trockenere Cognac kommt aus der französischen Charente, die wärmeren Brandys aus der Gegend um das spanische Jerez. Hochwertige Marken sind Rémy Martin (Frankreich) oder Cardenal Mendoza (Spanien).

Whiskey & Whisky

Das »e« macht den Unterschied: Whiskey meint amerikanischen oder irischen, Whisky dagegen schottischen. An der Bar spielen vor allem amerikanischer Bourbon und Rye Whiskey eine Rolle. Gut erhältlich sind Jack Daniel's (USA), Ballantine's (Schottland) sowie Tullamore Dew (Irland).

Wermut

Keine Bar kommt ohne Wermut wie z. B. Martini aus. Der gewürzte Wein schmeckt vor allem in Aperitif-Drinks. Zu haben in »rosso« (rot, süß), »bianco« (weiß, mild) und »dry« (weiß, trocken).

Bitter-Aperitifs

Italienische Bitter-Aperitifs wie Campari oder Aperol empfehlen sich durch ihre Farbe und durch ihr bitter-fruchtiges Aroma für sommerliche Cocktails.

Liköre

Die Welt der Liköre ist bunt. Für die Bar besonders wichtig ist Triple Sec (z. B. Cointreau). Aber auch Crème de Menthe, Cassissée, Chartreuse oder Kirschlikör bringen Farbe und Geschmack.

Würz-Bitters

Diese magischen Tinkturen in den kleinen Flaschen lllhaben es in sich! Gerade Shortdrinks wie der Manhattan sind langweilig ohne einen Spritzer davon. Unverzichtbar für die Heim-Bar ist Angostura Bitter aus Südamerika.

REZEPTE MIT WODKA

WODKA VEILCHEN

Zutaten:

- 1cl Veilchen Sirup
- 3 cl Grand Marnier
- Zitronenscheibe
- Eiswürfel oder Crushed-Eis
- 2 cl Zitronensaft
- 4cl Wodka

Zubereitung:

1.	In einen Shaker Crushed-Eis oder Eiswürfel geben.
2.	Wodka, Grand Marnier, Veilchen Sirup und Zitronensaft hinzufügen.
3.	Die Mischung gut durchschütteln.
4.	Den Drink druch einen Barsieb in ein vorgekühlten Martini Glas abseihen.
5.	5.Mit der Scheibe einer Zitrone garnieren.

WODKA CRANBERRY

Zutaten:

- 2-3 Barlöffel Rohrzucker braun
- 2 cl Cranberrysirup
- Crushed Eis oder Eiswürfel
- 1 Limette
- 8 cl Orangensaft
- 4cl Maracujasaft
- 3 cl Wodka

Zubereitung:

1.	Die Limette achteln, mit Rohrzucker in einen Cocktail Shaker gebenm etwas mit einem Stößel andrücken.
2.	Crushed Eis, Wodka, Maracujasaft und Orangensaft hinzufügen.
3.	Die Mischung gut schütteln, ungesiebt mit crushed-eis in ein Longdrink-Glas gießen.
4.	Den Cranberry Sirup in die Mischung hineinfließen lassen.
5.	Zuletzt den Drink mit Hilfe der Limettenscheibe garnieren.

CLUBLAND

Zutaten:

- 4 cl weißer Portwein
- 4 cl Wodka
- 1 Spritzer Angostura Bitter
- Zitronenscheibe
- Eiswürfel

Zubereitung:

1.	In ein Rührglas die Eiswürfel geben. Portwein, Wodka und Angostura Bitter hinzufügen.
2.	Die Mischung mit einem Löffel umrühren und in ein gekühltes Cocktail Glas geben.
3.	Die Zitronenscheibe über dem Getränk ausdrücken.

SEA BREEZE

Zutaten:

- 12 cl Cranberrysaft
- 1 Limette
- 1 Limettenspalte
- 2 Grapefruits
- 125 g tiefgefrorene Himbeeren
- 60 g Gelierzucker
- Crushed Eis
- 4 cl Wodka

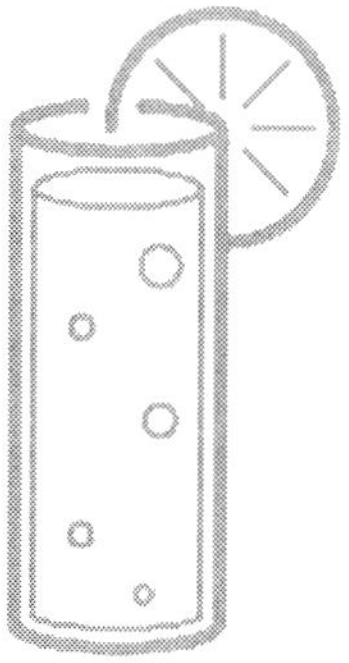

Zubereitung:

1.	Eine Limette auspressen und den Saft mit den Himbeeren, dem Gelierzucker sowie 2 EL Wodka in einen Topf geben.
2.	Die Mischung verrühren und dann etwa fünf Minuten köcheln lassen.
3.	Die entstandene Konfitüre in ein Cocktail Glas geben und auskühlen lassen.
4.	Die Grapefruits auspressen und den Saft mit Wodka und Cranberrysaft in einen Cocktail Shaker geben.
5.	Die Mischung kräftig schütteln.
6.	Auf der Konfitüre im Glas Crushed-Eis geben, mit der Mische aus dem Shaker befüllen.
7.	Zuletzt den Drink mit einer Limette verzieren.

VANILLA SKY

Zutaten:

- 2 cl Vanillesirup
- 5-6 Weintrauben ohne Kerne
- 1 TL Rohrzucker
- 1,5 cl Limettensaft
- Crushed Ice
- 5 cl Wodka

Zubereitung:

1.	In einem Longdrinkglas Weintrauben geben, Zucker zugeben.
2.	Mit einem Stößel die Weintrauben zerdrücken und zu den Wodka geben.
3.	Das Glas zu ungefähr zwei Drittel mit Eis (Crushed) füllen, die Mischung kräftig umrühren.
4.	Mehr Eis hinzufügen, bis das Glas voll ist.
5.	Mit Weintrauben verzieren und zusammen mit einem Strohhalm servieren.

TOUCH DOWN

Zutaten:

- Eiswürfel
- 2 cl Aprikosenbrandy
- 4 cl Wodka
- Crushed Eis
- 1 cl Grenadine
- 10 cl Maracujasaft
- 2 cl Zitronensaft

Zubereitung:

1.	Wodka, Aprikosenbrandy, Zitronensaft und Maracujasaft mit etwas Crushed Eis in einen (falls vorhanden) Cocktail-Shaker geben.
2.	Dannach die Mischung mit Elan schütteln.
3.	Durch ein Sieb das Getränk in ein Longdrink-Glas mit Eiswürfeln geben.
4.	Grenadine vorsichtig hinzufügen.
5.	Mit einem Barlöffel die Mischung leicht umrühren.

ROAD RUNNER

Zutaten:

- Eiswürfel
- 2 cl flüssige Kokosnusscreme
- 1 Cocktailkirsche
- 4 cl Wodka
- 2 cl Amaretto
- 2 cl Sahne

Zubereitung:

1.	Amaretto, Wodka, Kokoscreme und Sahne in einen vorhandenen Cocktail-shaker geben.
2.	Zusammen mit Eiswürfeln die Mischung gut schütteln.
3.	Durch ein Sieb den Drink in eine Cocktailschale geben.
4.	Den Cocktail mit einer Cocktailkirsche garnieren.

WODKA COOLER

Zutaten:

- 1 Zitronenscheibe
- 5 cl Ginger Ale
- 5 cl Wodka
- Eiswürfel
- 3 cl Zitronensaft
- 2 cl Zuckersirup

Zubereitung:

1.	Wodka, Zitronensaft, Ginger Ale und Zuckersirup in einen Cocktail Shaker mit Eiswürfeln geben.
2.	Die Mischung kräftig schütteln.
3.	Mit einem Sieb den Drink in ein mit Eiswürfel gefüllten Longdrink-Glas geben.
4.	it einer Zitronenscheibe den Cocktail verzieren.

WODKA SLING

Zutaten:

- 1Schuss stilles Wasser
- 1 Zitronenscheibe
- 5 cl Wodka
- Eiswürfel
- 3 cl Zitronensaft
- 2cl Zuckersirup

Zubereitung:

1.	Zuerst die Eiswürfel in einem Rühr-Glas geben.
2.	2., Zuckersirup, Zitronensaft und Wodka hinzufügen.
3.	Dann mit einem Löffel die Mischung gut verrühren.
4.	In ein mit Eiswürfeln gefüllten Glas geben.
5.	1 Schuss stilles Wasser hinzugeben, mit einer Zitronenscheibe verzieren.

SPRINGTIME COOLER

Zutaten:

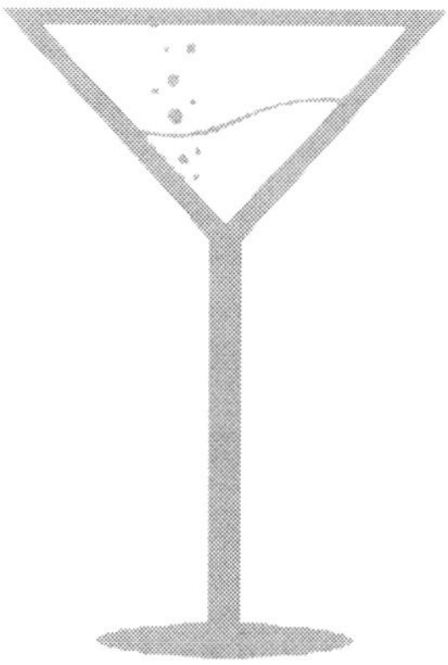

- 2 cl Blue Curacao
- 1 Zitronen- oder Orangenscheibe
- 4 cl Wodka
- 6 cl Orangensaft
- 3 cl Zitronensaft
- Eiswürfel
- 1 cl Zuckersirup

Zubereitung:

1.	Eiswürfel in einen Cocktail Shaker geben.
2.	Wodka, Blue Curacao, Orangensaft, Zitronensaft hinzufügen.
3.	Die Mischung kräftig schütteln.
4.	4. Den Drink durch ein Sieb in ein Longdrink-Glas füllen und Eiswürfel zugeben.
5.	Mit Orangen- oder Zitronenscheibe garnieren.

WODKA FIZZ

Zutaten:

- Sodawasser
- 1 Zitronenscheibe
- Eiswürfel
- 2 cl Zuckersirup
- 3 cl Zitronensaft
- 5 cl Wodka

Zubereitung:

1.	Wodka, Zitronensaft und Zuckersirup in einen Cocktail Shaker füllen.
2.	Die Mischung mit Eiswürfel zusammen schütteln, bis sich der Shaker kalt anfühlt.
3.	Den Drink durch ein Sieb in einen Longdrink-Glas mit Eiswürfeln abfüllen, dann mit etwas Sodawasser auffüllen.
4.	Mit einer Zitronenscheibe verzieren.

WODKA MARTINI

Zutaten:

- 1 grüne Olive
- 1 Zitronenschale
- 6 cl Wodka

Zubereitung:

1.	Ein Weinglas im Tiefkühlfach vorkühlen.
2.	Wodka mit Eiswürfeln in einem Rührglas verrühren, bis dieser kalt ist.
3.	3.Durch ein Sieb in das kalte Weinglas füllen.
4.	Die Zitronenschale über dem Getränk ausdrücken und die Olive mit ins Glas geben.

COCKTAIL REZEPTE MIT GIN

TOM COLLINS

Zutaten:

- 1 cl Zuckersirup
- 1 Schuss Sodawasser
- Zitronenscheibe
- Cocktailkirsche
- Eiswürfel
- 4 cl Gin
- 2 cl Zitronensaft

Zubereitung:

1.	In ein Cocktailglas 3 bis 4 Eiswürfel zugeben. Zuckersirup, Zitronensaft und Gin hinzufügen.
2.	Mit einem Barlöffel die Mischung umrühren, dann mit Soda-Wasser auffüllen.
3.	Das Glas mit Zitronenscheiben und/oder Cocktailkirschen dekorieren.
4.	4.Den Drink zusammen mit einem Trinkhalm servieren.

BIJOU

Zutaten:

- 1 Spritzer Orangenbitter
- 1 Cocktailkirsche
- Eiswürfel
- 2,5 cl Gin
- 2,5 cl grüner Chartreuse
- 2,5 cl roter Wermut
- 1 Zitronenspirale

Zubereitung:

1.	Ein Rührglas mit Eiswürfel befüllen.
2.	Grünen Chartreuse, roten Wermut ,Gin und einen Spritzer Orangenbitter hinzufügen.
3.	Die Mischung mit einem Barlöffel langsam umrhren.
4.	Den Cocktail mit einem Sieb in ein vorgekühltes Martiniglas abfüllen.
5.	Den Glasrand mit einer beispielsweiser Zitronenspirale oder einer Cocktailkirsche dekorieren.

CLOVER LEAF

Zutaten:

- 1/2 Eiweiß
- 1 Minzblatt
- Crushed Eis
- 1 cl Grenadine
- 1 cl Zitronensaft
- 5 cl Gin

Zubereitung:

1.	In einen Cocktailshaker Crushed Eis geben.
2.	Gin, Zitronensaft, Grenadine und ein halbes Eiweiß hinzufügen.
3.	Die Mischung kräftig so lange schütteln, bis der Shaker sich an der Oberfläche kalt anfühlt.
4.	Den Cocktail mit einem Sieb in ein Martini-Glas füllen.
5.	Als Dekoration ein Minzblatt auf den Drink geben.

LADY KILLER

Zutaten:

- 1 cl Aprikosenbrandy
- 1cl Cointreau
- 5 cl Maracujasaft
- 1Orangenscheibe
- Eiswürfel
- 3 cl Gin
- 5 cl Ananassaft

Zubereitung:

1.	Gin, Aprikosenbrandy, Cointreau, Ananassaft und Maracujasaft in einen Cocktail Shaker füllen.
2.	Die Mischung kräftig schütteln. Eiswürfel in ein Fancy Glas (Ballonglas) geben.
3.	Aus dem Shaker in einem Glas gießen.
4.	4.Mit einer Orangenscheibe verzieren.

RUBY COOLER

Zutaten:

- 5 cl Gin
- 10 cl Cranberrynektar
- 5 cl Ginger Ale
- 1 Himbeere
- Eiswürfel

Zubereitung:

1.	In ein Longdrink glas Eiswürfel geben.
2.	Gin, Cranberrynektar und Ginger Ale in das Glas füllen.
3.	Drink mit einer Himbeere garnieren.

SOUR HONEY GIN

Zutaten:

- 12 cl Gin
- 4 cl frisch gepresster
- Zitronensaft
- 4 TL Honig
- Eiswürfel
- 2 Spalten Zitrone

Zubereitung:

1.	In 2Gläser Zitronensaft und den Honig geben, verrühren, solnge bis sich der Honig auflöst
2.	.Nun den Gin hinzugeben und gut einrühren.
3.	2 – 3 Eiswürfel zugeben, mit einer Zitronen Spalte dekorieren und servieren.

SOUTH SIDE

Zutaten:

- 1,5 cl Limettensaft oder Zitronensaft
- 8-10 Minzblätter
- Eiswürfel oder crushed Eis
- 1,5 cl Zuckersirup
- 5 cl Gin

Zubereitung:

1.	Eis zusammen mit Gin, Zuckersirup, Limettensaft/Zitronensaft und 5 bis 6 Minzblättern in einen Cocktail Shaker geben .
2.	Die Mischung kräftig schütteln.
3.	Wenn der Shaker sich kalt anfühlt den Cocktail durch ein Sieb in ein Martini Glas gießen.
4.	Den Cocktail mit den restlichen Minzblättern garnieren.

FRENCH 75

Zutaten:

- 2 cl Zitronensaft
- 3 cl Gin
- 1 cl Zuckersirup
- 10 cl Sekt oder Champagner

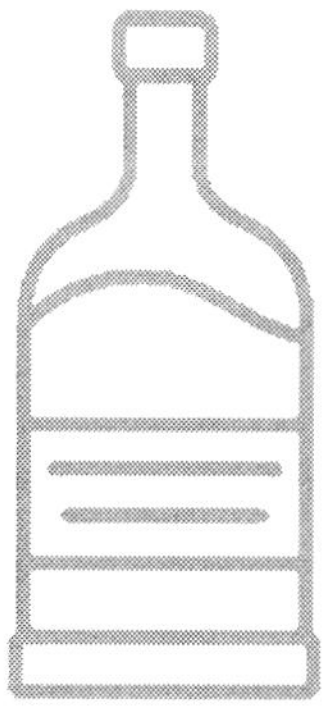

Zubereitung:

1.	Zitronensaft, Gin und Zuckersirup mit Eiswürfeln oder Crushed-Eis zusammen in einen Shaker geben.
2.	Die Mischung sorgfältig schütteln.
3.	Ein Sekt- oder Champagnerglas vorkühlen.
4.	Dann den Inhalt durch ein Sieb in das Glas gießen und Eis beigeben.
5.	Mit Sekt oder Champagner auffüllen.

SINGAPORE SLING

Zutaten:

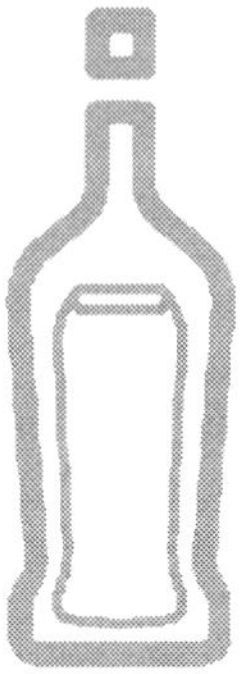

- 0,75 cl Kräuterlikör
- 1 cl Grenadine
- 1,5 cl Limettensaft
- 12 cl Ananassaft
- 1 Spritzer Angostura Bitter
- 1 Ananasscheibe
- 1 Cocktailkirsche
- Eiswürfel
- 3 cl Gin
- 1,5 cl Kirschbrandy
- 0,75 cl Cointreau

Zubereitung:

1.	Ananassaft, Limettensaft, Grenadine, Kräuterlikör, Cointreau, Kirschbrandy, Gin und Angostura Bitter in einen Shaker füllen.
2.	Die Mischung so lange schütteln, bis sich Schaum bildet.
3.	Eiswürfel in ein Ballonglas füllen.
4.	Den Cocktail so in das Glas schütten, dass eine Schaumkrone auf der Oberfläche bleibt.
5.	Den Drink mit einer Cocktailkirsche und einer Scheibe Ananas garnieren.

APFEL-KAROTTEN GIN

Zutaten:

- 250 ml Apfel – Karotten Saft
- 6 Baby Karotten
- Eiswürfel
- 10 cl Gin
- 200 ml Tonic Water

Zubereitung:

1.	Alle flüssigen Zutaten auf 2 Gläser verteilen und gut durchmischen.
2.	2 - 3 Eiswürfel in jedes Glas geben.
3.	In jedes Glas 2 Baby Karotten geben und servieren.

GIMLET

Zutaten:

- 4 cl Gin
- 1 Limettenscheibe
- Eiswürfel
- 2 cl Limettensirup

Zubereitung:

1.	Gin und Limettensirup ein Martiniglas füllen und die Mischung umrühren.
2.	Eiswürfel hinzugeben.
3.	Mit einer Limettenscheibe garnieren.

NEGRONI

Zutaten:

- 3 cl Gin
- 3 roter Wermut
- 3 cl Campari
- 1 Orangenscheibe
- Eiswürfel

Zubereitung:

1.	Eiswürfel in ein Tumbler Glas geben.
2.	Gin, Campari und Wermut in das Glas füllen.
3.	Den Drink mit einer Orangenschale garnieren.

CAIPIROSKA

Zutaten:

- 5 cl Wodka
- 3 EL Rohrzucker
- 1 Limette
- 1 Limettenscheibe
- Eiswürfel

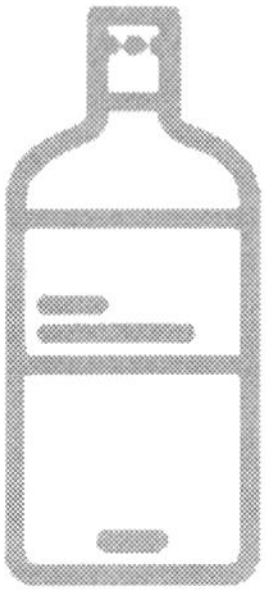

Zubereitung:

1.	Die Limette vierteln und mit Eiswürfeln und Wodka in ein Tumbler Glas geben.
2.	Die Mischung gut umrühren und den Rohrzucker hinzufügen.
3.	Den Drink mit einer Limettenscheibe verzieren und mit Strohhalm servieren.

COCKTAIL REZEPTE MIT WHISKY

WHISKY SOUR

Zutaten:

- 2 cl Zuckersirup
- 1 Zitronenscheibe
- Eiswürfel
- 5 cl Whisky (Scotch)
- 3 cl Zitronensaft

Zubereitung:

1.	Einen Cocktail-Shaker mit Eiswürfel befüllen.
2.	Whisky, Zitronensaft und Zuckersirup hinzufügen.
3.	Die Mischung kräftig schütteln, bis sich der Shaker kalt anfühlt.
4.	Den Drink durch ein Sieb in einen mit Eiswürfeln gefüllten Tumbler-Glas abgießen und mit Zitronenscheiben garnieren.

BLOOD AND SAND

Zutaten:

- 2 cl Kirschbrandy
- 2 cl süßer Wermut
- Orangenzeste
- Eiswürfel
- 2 cl Whisky, Scotch
- 2 cl Orangensaft

Zubereitung:

1.	Einen Cocktail Shaker mit Eiswürfeln füllen.
2.	Whisky, Kirschbrandy, Wermut und Orangensaft hinzufügen.
3.	Die Mischung kräftig schütteln, bis sich der Shaker kalt anfühlt.
4.	Den Drink durch ein Sieb in eine Cocktailschale oder ein Martiniglas(am besten schon vorgekühlt) gießen.
5.	Etwas Orangenöl von einer Orangenzeste hinzugeben, den Drink mit einer Orangenzeste verzieren.

WHISKY SMASH

Zutaten:

- 2 cl Zuckersirup
- 6 cl Whisky (Bourbon)
- 1 Zitrone
- Eiswürfel

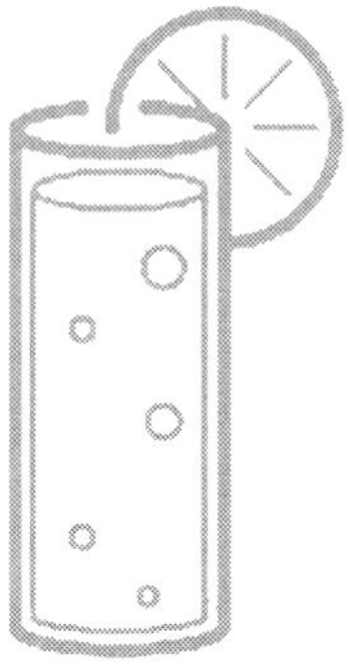

Zubereitung:

1.	In ein Rührglas Zitronenstücke mit Minze und Zuckersirup geben.
2.	Kräftig mit einem Barlöffel umrühren.
3.	Eiswürfel in einen Cocktail Shaker geben.
4.	Den Inhalt des Rührglases und den Bourbon in den Cocktail Shaker füllen.
5.	Die Mischung kräftig schütteln, bis sich der Shaker kalt anfühlt.
6.	Ein großes Tumbler-Glas mit Eiswürfel befüllen.
7.	Den Drink aus dem Cocktail Shaker durch ein Sieb in das Tumbler Glas gießen und mit Minze verzieren.

MILLIONAIRE

Zutaten:

- 5 cl Whisky
- 2 cl Schlehenlikör
- 2 cl Aprikosenbrandy
- 2 cl Limettensaft
- Eiswürfel

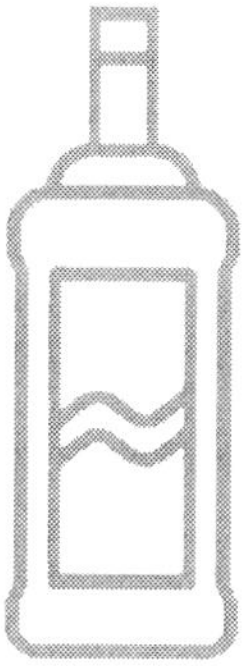

Zubereitung:

1.	Einen Cocktail Shaker mit Eiswürfeln füllen.
2.	Rum, Aprikosenbrandy und Limettensaft hinzufügen.
3.	Die Mischung kräftig schütteln, bis sich der Shaker kalt anfühlt.
4.	Den Drink durch ein Barsieb in ein Martiniglas (am besten vorgekühlt) abseihen.

SAZERAC

Zutaten:

- 6 cl Rye Whiskey
- 2 Spritzer Peychaud Bitters
- 1 Spritzer Angostura Bitters
- Absinth
- 1 EL Zuckersirup
- Zitronenschale
- Eiswürfel

Zubereitung:

1.	Etwas Absinth in ein Tumbler Glas geben und bis zum Rand damit ausspülen.
2.	Den Absinth ausgießen, so dass das Glas benetzt bleibt.
3.	Eiswürfel zusammen mit Whisky, Sirup und Bitters in ein Rührglas füllen und die Mischung mit einem Barlöffel gut umrühren.
4.	Den Drink durch ein Sieb in das mit ein bis zwei Eiswürfeln gefüllte Tumbler-Glas füllen.
5.	Öl aus der Zitronenschale auf den Cocktail spritzen und diesen mit der Zitronenschale garnieren.

COLONEL COLLINS

Zutaten:

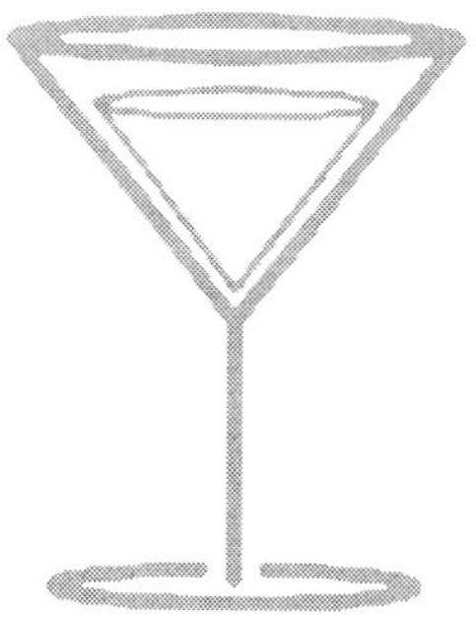

- 2 cl Zuckerrohrsirup
- 10 cl Angostura Bitters
- 1 Cocktailkirsche
- Eiswürfel
- 2 cl Zitronensaft
- 1 Zitronenscheibe
- Sodawasser
- 5 cl Whisky, Bourbon

Zubereitung:

1.	Einen Cocktail Shaker mit Eiswürfeln füllen.
2.	Whisky, Zuckerrohrsirup, Zitronensaft und Angostura Bitters hinzufügen.
3.	Die Mischung kräftig schütteln, bis sich der Shaker kalt anfühlt.
4.	Den Drink durch ein Sieb in einen mit Eiswürfeln ausgestatteten Longdrink Glas abgießen.
5.	Mit Cocktailkirschen und Zitronenscheiben verzieren.

LAFAYETTE

Zutaten:

- 3 cl Whisky, Bourbon
- 1 cl Dubonnet
- 1 cl trockener Wermut
- 1 Spritzer Angostura Bitters
- Limette
- Eiswürfel

Zubereitung:

1.	Eiswürfel in ein Rührglas geben.
2.	Whisky, Dubonnet und Wermut hinzufügen.
3.	Die Mischung mit einem Barlöffel umrühren.
4.	4.Den Drink durch ein Sieb in ein mit Eiswürfeln gefüllten Cocktailglas gießen, mit einer Scheibe Limette verzieren.

HARVEST MOON

Zutaten:

- 5 cl Rye Whisky
- 3 cl Lillet Blanc
- 2 cl Apfelbrandy
- 2 cl Chartreuse, grün
- 3 Spritzer Angostura Bitters
- Orangenzeste
- Eiswürfel

Zubereitung:

1.	Eiswürfel in ein Rührglas geben.
2.	Whisky, Apfelbrandy, Lillet Blanc, Chartreuse und Bitters hinzufügen.
3.	Die Mischung mit einem Barlöffel umrühren.
4.	Den Drink durch ein Barsieb in ein mit Eiswürfeln gefülltes Cocktailglas abseihen und mit einer Scheibe Orange garnieren.

SMOKY REVOLUTION

Zutaten:

- 2 cl Whisky, rauchiges Aroma
- 1/2 cl Kaffeelikör
- 2 Spritzer Orange Bitters
- Grand Marnier Orangenlikör
- Fein gemahlenes Meersalz
- Eiswürfel

Zubereitung:

1.	Einen Cocktail Shaker mit Eiswürfeln füllen.
2.	Whisky, Kaffeelikör und Orange Bitters hinzufügen.
3.	Die Mischung kräftig schütteln, bis sich der Shaker kalt anfühlt.
4.	Ein bisschen Grand Marnier Orangenlikör auf einen flachen Teller geben und den Glasrand eines Cocktail Glases damit benetzen.
5.	Fein gemahlenes Meersalz ebenfalls auf einen flachen Teller geben und den angefeuchteten Glasrand im Salz drehen.
6.	Den Drink aus dem Cocktail Shaker durch ein Barsieb vorsichtig in das Cocktail Glas abseihen.

SMOKY OLD BASTARD

Zutaten:

- 6 cl Whisky, Bourbon
- 1 EL loser Lapsang Souchong Tee
- 2 EL Ahornsirup
- 2 Spritzer Bitters
- Orangenschale
- Eiswürfel

Zubereitung:

1.	Den Tee mir 3 cl Bourbon in ein Rührglas füllen und etwa eine Minute ziehen lassen.
2.	3-4 Eiswürfel hinzufügen und die Mischung mit einem Barlöffel umrühren.
3.	Durch ein Teesieb in einem mit Eiswürfeln gefüllen Tumbler Glas schütten.
4.	Ahornsirup und Bitters in das Tumbler Glas geben und die Mischung nochmal gut umrühren.
5.	Die restlichen 3 cl Whisky und weitere Eiswürfel hinzufügen und erneut eine halbe Minute rühren.
6.	Mit einer Orangenschale dekorieren.

BROOKLYN

Zutaten:

- Eiswürfel
- 5 cl Whisky (Rye oder Bourbon)
- 1 cl Amer Picon
- 2 cl roter Wermut
- 1 cl Maraschinolikör

Zubereitung:

1.	Mit Eiswürfeln Ein Rührglas vorkühlen, das Schmelzwasser abgießen.
2.	Whisky, roten Wermut, Amer Picon und Maraschinolikör zugeben.
3.	Die Mischung mit einem Barlöffel gut verrühren.
4.	Ein Martiniglas oder eine Cocktailschale vorkühlen.
5.	Den Drink durch ein Sieb gießen.
6.	Öl aus der Orangenschale auf den Cocktail spritzen.
7.	Den Glasrand ebenfalls mit der Orangenzeste einreiben und die Schale als Dekoration verwenden.

LYNCHBURG LEMONADE

Zutaten:

- 4 cl Jack Whisky
- 1 cl Orangenlikör
- Zitronenlimonade
- 1,5 cl Limettensaft
- Eiswürfel
- 1,5 cl Zitronensaft
- 1 Zitronenscheibe

Zubereitung:

1.	Eiwürfel, Whisky, Limetten- und Zitronensaft in ein Limonaden Schraubglas füllen.
2.	Das Schraubglas verschließen, die Mischung gut schütteln.
3.	Mit Zitronenlimonade auffüllen.
4.	Zitronenscheiben zu den Drink geben und zusammen mit Trinkhalmen servieren.

WEIN UND ANDERE ALKOHOLE

BISHOP

Zutaten:

- 2 Zitronenscheiben
- 8-10cl Rotwein
- 1 BL Puderzucker
- 2BL Jamaika Rum (gereift)
- 6cl Wasser

Zubereitung:

1.	Alle Zutaten für diesen Cocktail zusammen in den Shaker geben, mit Eiswürfeln schütteln.
2.	Dieser Cocktail wird in ein Weinglas gefüllt, zur Verzierung können Sie 1-2 Zitronenscheiben an den Rand hängen!

CARDINAL

Zutaten:

- 1BL Puderzucker
- Zitronenscheiben
- 6cl Wasser
- 2BL Jamaika-Rum (gereift)
- 2 8-10cl Rotwein

Zubereitung:

1.	Alle Zutaten zusammen in einen Shaker geben und kräftig schütteln.
2.	Zum Schluss mit zwei Zitronenscheiben verzieren!

NEW YORK SOUR DER ZITRONIGE

Zutaten:

- 2cl trockener Rotwein
- 3cl frischer Saft einer Zitrone
- 2cl Zuckersirup
- 6cl Rye Whiskey

Zubereitung:

1.	Geben Sie den Wein, Whisky, Zitronensaft und den Zuckersirup zusammen in einen Shaker, etwas Eiswürfel hinzufügen und gut umschütteln.
2.	Alles in einem vorgekühlten Tumbler Geben, schon ist der Cocktail fertig!

EXOTISCHER JAMAICAN DREAM

Zutaten:

- 1cl Zitronensaft
- 1cl Grenadine
- 10cl trockener Spätburgunder
- 2cl Orangensaft
- 4cl Rum weiß

Zubereitung:

1.	Besorgen Sie ein Longdrink Glas, geben Sie alle aufgeführten Zutaten hinein. noch etwas Crushed Ice oder Eiswürfel hinzufügen und den Cocktail gut verrühren.
2.	Sie können auf Wunsch den Cocktail noch mit etwas Orangen oder Zitronenscheiben verzieren, diese einfach an den Glasrand hängen. Fertig!

COLD DUCK

Zutaten:

- 5cl trockener Riesling SEKT
- 5cl trockener Riesling

Zubereitung:

1.	Dieser Cocktail ist sehr einfach! Sie müssen einfach den trockenen Riesling im Verhältnis 1:1 mit dem Sekt mischen, dann in ein großes Gefäß geben.
2.	Alles etwas umrühren, dann das Glas mit einer Zitronenscheibe verzieren.

WEISSE SANGRIA

Zutaten:

- 3cl Holunderlikör
- Etwas Obst als Dekoration
- 1 Flasche Weißwein
- 3cl Orangenlikör

Zubereitung:

1.	Zunächst die Eiswürfel in einem Behälter geben, mit Orangenlikör und Holunderlikör auffüllen.
2.	Nun das Obst bzw die Früchte nach Belieben hinzugeben, danach das Glas mit ausreichend Weißwein auffüllen.
3.	Noch einmal alles gut umrühren und nach Belieben mit Eis und Wein auffüllen.
4.	Sehr lecker während der kalten Jahreszeit!

HOCK MARTINI

Zutaten:

- 2cl Gin
- 1BL Apricot Brandy
- 6cl Riesling trocken

Zubereitung:

1.	Geben Sie alles zusammen in ein Glas, gut alles zusammenrühren.
2.	Gießen Sie nun den Cocktail in einer vorgekühlte Martinischale.
3.	Mit Früchten wie z.b. Pfirsich oder Aprikose können Sie das Ganze verzieren.

PRIEST

Zutaten:

- 8-10cl Rotwein
- 6cl Wasser
- 2BL Jamaika-Rum (gereift)
- 1BL Puderzucker
- 2 Zitronenscheiben

Zubereitung:

1.	Hier müssen Sie einfach alle Zutaten zusammen in einen Shaker geben und gut schütteln ,schlussendlich mit zwei Zitronenscheiben anrichten!

MADAME CITRIC

Zutaten:

- Rosé oder trockener Weißherbst
- 1 Kugel Sorbet Zitroneneis
- 1 Schuss Limettensaft
- 2cl Vodka

Zubereitung:

1.	Geben Sie erst das Zitroneneis, dann den Wodka in einen Shaker, mischen Sie alles gut miteinander.
2.	Jetzt alles in ein Longdrink Glas füllen und etwas Limettensaft zugeben, mit dem Wein auffüllen und alles noch einmal umrühren.
3.	Zack, der leckerer Madame Citric ist fertig!

CALIFORNIA SOUR PEACH

Zutaten:

- 15 cl Rosé Wein
- 2 cl Zitronensaft
- 2 cl ml hellen Zuckerrübensirup
- 1/2 Pfirsich
- 1 Pfirsichscheibe
- 10 cl Sahne
- 2 EL Zucker
- 1/3 Vanilleschote
- 4 EL Pfirsichsaft
- Eiswürfel

Zubereitung:

1.	Einen Cocktail Shaker mit Eiswürfeln füllen.
2.	Rosé Wein, Zitronensaft, Zuckerrübensirup und gewürfelte Pfirsichstücke hinzufügen.
3.	Die Mischung kräftig schütteln, bis sich der Shaker kalt anfühlt.
4.	Den Drink durch ein Barsieb in ein mit Eiswürfeln gefülltes Londrinkglas abseihen.
5.	Die Sahne mit dem Vanillemark und dem Zucker steif schlagen.
6.	Den Pfirsichsaft unter die Sahne heben.
7.	Die Pfirsichsahne vorsichtig auf den Cocktail geben.
8.	Den Drink mit einer Pfirsichscheibe garnieren und mit einem Trinkhalm servieren.

PORT-GIN-PUNCH

Zutaten:

- 2 cl Zitronensaft
- 1 Spritzer Portwein
- 2 TL Zucker
- 1 Apfelscheibe
- Nelken
- 12 cl Apfelsaft
- 2 Spritzer Angostura Bitters
- 3 cl Gin

Zubereitung:

1.	Apfelsaft, Zitronensaft, Bitters, Port und Gin kurz erhitzen, aber nicht kochen lassen.
2.	Zucker hinzugeben und kurz umrühren.
3.	In ein Punschglas füllen, mit der Apfelscheibe und den Nelken garnieren.

JOHANNISBEER-BOWLE

Zutaten:

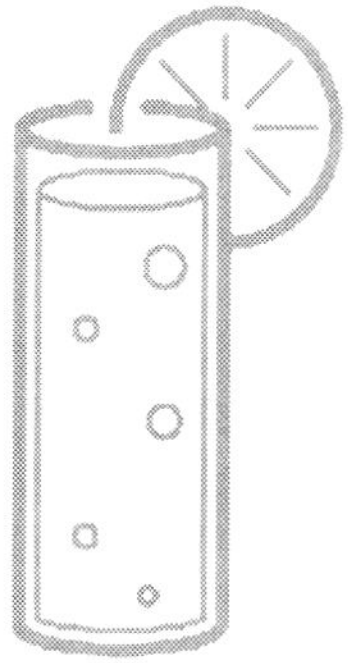

- 2 Limetten
- 1/4 l roter Johannisbeersaft
- 1 El Puderzucker
- 1 Flasche Roséwein
- 2 Flaschen Sekt
- Für 1 Bowlegefäß
- 600 g rote Johannisbeeren
- 100 g Brombeeren

Zubereitung:

1.	Die Beeren waschen und putzen. Limetten schälen und möglichst dünn in Scheiben schneiden. Die Früchte in ein Bowle-Behälter geben, mit Puderzucker bestreuen.
2.	Johannisbeersaft darüber gießen und mit Wein auffüllen, bis die Früchte bedeckt sind. 3–4 Stunden kühlen.
3.	Augenblicklich vor dem Servieren mit eisgekühltem Sekt und restlichem Wein auffüllen.

HONIGMELONENBOWLE

Zutaten:

- Für 1 Bowlegefäß
- 1 Honigmelone
- 1 Banane
- 8 cl Johannisbeersaft
- 10 cl roter Grapefruitsaft
- Crushed Ice
- 1 Flasche Zitronenlimonade

Zubereitung:

1.	Die Melone entkernen und das Fruchtfleisch würfeln, die Banane schälen und das Obst mit den Säften im Mixer mit 4 Tl Crushed Ice bei niedriger Drehzahl mixen.
2.	Mit kalter Zitronenlimonade auffüllen.

MELONEN-BOWLE

Zutaten:

- Für 1 Bowlegefäß
- 100 g Zucker
- 2 Päckchen Vanillezucker
- geriebener Ingwer
- 4 cl Weinbrand
- 2 Flaschen Rotwein
- 1 Flasche Selterswasser (oder Sekt)
- 1 kleine Melone

Zubereitung:

1.	Die Melone schälen, entkernen, halbieren und in kleine Würfel schneiden. Die Würfel in ein Bowlegefäß geben. Zucker, Vanillezucker und geriebenen Ingwer nach Geschmack darüber geben.
2.	Mit Weinbrand übergießen und mit Rotwein solange auffüllen, bis die Früchte komplett bedeckt sind. Das Bowlengefäß auf Eis stellen und die Früchte 1 Stunde ziehen lassen.
3.	Zum Servieren den restlichen Rotwein zugeben und mit eisgekühltem Wasser oder Sekt auffüllen.

GEMISCHTES

PANZERKNACKER SAM

Zutaten:

- 3 cl Bacardi Black
- 1 cl Midori Melonen Likör
- 2 cl Bols Erdbeer Likör
- 1 cl Butterscotch-Sirup Monin
- 8 cl Maracuja-Saft
- 8 cl Ananas-Saft
- 2 cl Frischer Limetten-Saft

Zubereitung:

1.	Alle Zutaten werden mit 2-3 Ice Cubes im Boston Shaker geshaked und danach mittels Barsieb in das Gästeglas abgeseiht.
2.	Dieser Drink ist fruchtig süß und erfrischend zugleich.

OPEN MIND

Zutaten:

- 3 cl Dooley´s Toffee Likör
- 3 cl Skyy Vodka
- 6 cl Mango-Saft
- 4 cl Orangen-Saft
- 2 cl Sahne
- 4 cl Erdbeer-Püree Monin on Top

Zubereitung:

1.	Alle Zutaten außer dem Erdbeer-Püree werden mit 2-3 Ice Cubes im Boston Shaker geshaked und danach mittels Barsieb in das Gästeglas abgeseiht.
2.	Auf den Drink wird eine kleine Schaufel Crushed Ice geben und anschließend das Erdbeer-Püree langsam darauf gießen.
3.	Dieser Drink ist cremig-süß und besonders bei Frauen sehr beliebt.

LUCKY PUNCH

Zutaten:

- 15 cl Kirsch-Saft
- 2 cl Weiße Schokolade-Sirup Monin
- 2 cl Melonen-Sirup Monin
- 2 cl Himbeer-Püree Monin
- 6 cl Soda Wasser

Zubereitung:

1.	Alle Zutaten außer dem Soda-Wasser werden mit 2-3 Ice Cubes im Boston Shaker geshaked und danach mittels Barsieb in das Gästeglas abgeseiht.
2.	Danach mit Soda-Wasser auffüllen und fertig ist dieser erfrischende Drink.
3.	Die Mischung gut durchschütteln.

DR. MED. SMILE

Zutaten:

- 3 cl Safari Exotic Fruit Likör
- 2 cl Bacardí Carta Blanca
- 10 cl Mango-Saft
- 5 cl Orangen-Saft
- 2 cl Frischer Limetten-Saft
- 2 Scheiben Limette
- 2 cl Ginger Beer

Zubereitung:

1.	Alle Zutaten außer dem Ginger Beer werden mit 2-3 Ice Cubes im Boston Shaker geshaked und danach mittels einem Barsieb in das Gästeglas abgeseiht.
2.	Danach mit Ginger Beer auffüllen und 2 Scheiben Limetten in den fertigen Drink geben.
3.	Dieser Drink ist perfekt für heiße Sommertage geeignet.

CHEF DE CUISINE

Zutaten:

- 3 cl Cuba Strawberry Vodka
- 3 cl Bacardí Carta Blanca
- 6 cl Apfel-Saft
- 10 cl Mango-Saft
- 2 cl Blue Curacao-Sirup Monin
- 4 cl Erdbeer-Püree Monin
- 2 cl Sahne

Zubereitung:

1.	Zuerst wird das Erdbeer-Püree in das Gästeglas gegeben und anschließend eine Schaufel Crushed Ice dazugeben.
2.	Jetzt werden alle Zutaten außer dem Blue Curacao-Sirup mit 2-3 Ice Cubes im Boston Shaker geshaked und mittels Barsieb in das Gästeglas abgeseiht.
3.	Erneut wird eine kleine Schaufel Crushed Ice ins Gästeglas gegeben.
4.	Den Blue Curacao-Sirup mit der Sahne in einem separaten Glas verrühren und anschließend über einen Löffelrücken langsam auf den Drink gießen.
5.	Dieser farbenfrohe Drink verzückt Augen und Gaumen.

DAVID AND GOLIATH

Zutaten:

- 9 cl Bordaux Blanc Weißwein Lieblich
- 2 cl Bols Erdbeer-Likör
- 1 cl Apfelstrudel-Likör
- 1 cl Hibiskus-Sirup Monin
- 2 cl Cocos-Sirup Monin

Zubereitung:

1.	Alle Zutaten werden mit 2-3 Ice Cubes im Boston Shaker geshaked und danach mittels Barsieb in das Gästeglas abgeseiht.
2.	Dieser Drink zeigt auf leckere und eindrucksvolle Art, dass man Wein auch anders genießen kann.

LIQUID STATION

Zutaten:

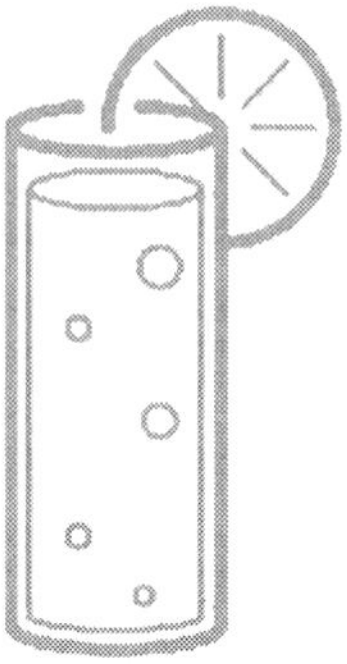

- 2 cl Absolut Citron Wodka
- 4 cl Grasovka Bison Gras Wodka
- 10 cl Orangen-Saft
- 2 cl Maracuja-Saft
- 2 cl Honig-Sirup Monin
- 3 cl Frischer Limetten-Saft
- 1 Strang Frische Minze

Zubereitung:

1.	Alle Zutaten werden mit 2-3 Ice Cubes im Boston Shaker geshaked und danach mittels Barsieb in das Gästeglas abgeseiht.
2.	Bitte achte darauf, dass Du frischen Limettensaft verwendest.
3.	Den Strang Minze leicht mit einem Messer anritzen.
4.	So entfaltet sich am besten das Minzaroma im Drink. Erfrischend leichter Sommer-Cocktail.

MR. CASTAÚX

Zutaten:

- 2 cl Bombay Sapphire London Dry Gin
- 2 cl Crème de Violette Veilchen Likör
- 2 cl Safari Exotic Fruit Likör
- 8 cl Thomas Henry Tonic Water

Zubereitung:

1.	Granatapfel Kerne, Blaubeeren und Physalis ins Glas
2.	Alle Zutaten werden mit 2-3 Ice Cubes im Gästeglas gerührt.
3.	Anschließend die Früchte dazu geben und fertig ist dieser spannende Drink, der sich prima als Aperitif eignet.

GISELLE

Zutaten:

- 2 cl Cuba Strawberry Wodka
- 2 cl Cremé de Fraisé Erdbeer-Likör
- 20 cl Erdbee-Saft
- 1 cl Erdbeer Bonbon-Sirup Monin
- 2 cl Erdbeer-Püree Monin
- 4 cl Vanille-Soße

Zubereitung:

1.	Alle Zutaten sowie 2 Schaufeln Crushed Ice in den Blender (Elektromixer) geben.
2.	Anschließend für ca. 30 Sekunden blenden und in ein Gästeglas gießen.
3.	Dieser Drink ist purer Erdbeergeschmack und sehr beliebt bei Frauen.
4.	Er eignet sich auch als ein Dessert.

OMELETTE

Zutaten:

- 2 cl Dooley´s White Chocolate Cream Likör
- 2 cl Cuba Caramel Wodka
- 2 cl Passoã Passion Fruit-Likör
- 1 cl Karamell-Sirup
- 8 cl Maracuja-Saft
- 2 cl Vanille-Soße

Zubereitung:

1.	Alle Zutaten sowie 2 Schaufeln Crushed Ice in den Blender (Elektromixer) geben.
2.	Anschließend für ca. 30 Sekunden blenden und in ein Gästeglas gießen.
3.	Danach mit kleinen Minzblättern und kleingeschnittenen Erdbeerstückchen bestreuen.
4.	Ein cremig süffiger Drink, der in seiner Aufmachung einmalig ist.

SHOEMAKER

Zutaten:

- 2 cl Likör 43
- 2 cl Malibu Coconut Likör
- 1 cl Marie Brizard Watermelon
- 3 cl Granatapfel-Sirup Monin
- 12 cl Milch

Zubereitung:

1.	Alle Zutaten werden mit 2-3 Ice Cubes im Boston Shaker geshaked und danach mittels Barsieb in das Gästeglas abgeseiht.
2.	Ein lecker ausgewogener Drink, der nicht nur den Frauen schmeckt.

DARTH JEDER

Zutaten:

- 2 cl Galliano Vanille-Kräuter-Likör
- 2 cl Absolut Vanilia Wodka
- 1 cl Chambord Himbeer-Likör
- 8 cl Apfel-Saft
- 4 cl Mango-Saft
- 3 cl Rhabarber-Püree Monin

Zubereitung:

1.	Zuerst wird das Rhabarber-Püree in das Gästeglas gegeben und anschließend eine Schaufel Crushed Ice dazugegeben.
2.	Danach alle Zutaten mit 2-3 Ice Cubes im Boston Shaker shaken und mittels einem Barsieb in das Gästeglas abseihen.
3.	Ein interessanter Drink, der nicht nur durch seine Aufmachung überzeugt.

UNIQUE LAMP

Zutaten:

- 3 cl Captain Morgan Loconut-Likör
- 2 cl Captain Morgan Spiced Gold
- 1 cl Bols Joghurt-Likör
- 8 cl Lychee-Saft
- 2 cl Sahne
- 2 cl Ananas-Püree Monin

Zubereitung:

1.	Zuerst wird das Ananas-Püree in das Gästeglas gegeben.
2.	Anschließend alle Zutaten mit 2-3 Ice Cubes im Boston Shaker shaken und mittels Barsieb langsam über einen Löffelrücken in das Gästeglas abseihen.
3.	Etwas Crushed Ice dazu geben und fertig ist dieser extrem leckere und cremige Drink.

STORYBOOK WEDDING

Zutaten:

- 1 cl Jim Beam Red Stag
- 3 cl Amarula
- 2 cl Karamell-Sirup Monin
- 6 cl Milch
- 2 cl Sahne
- 2 cl Amaretto

Zubereitung:

1.	Alle Zutaten werden mit 2-3 Ice Cubes im Boston Shaker geshaked und danach mittels Barsieb in das Gästeglas abgeseiht.
2.	Ein cremiger Drink, der süchtig machen kann.

BEN&HENRI´S CANDLE

Zutaten:

- 2 cl Absolut Mango Wodka
- 3 cl Sourz Mango
- 2 cl Bols Peach-Likör
- 10 cl Mango-Saft
- 2 cl Mango-Püree Monin
- 2 cl Frischer Limetten-Saft

Zubereitung:

1.	Alle Zutaten werden kräftig mit 2-3 Ice Cubes im Boston Shaker geshaked und danach mittels Barsieb in das Gästeglas abgeseiht.
2.	Anschließend eine Schaufel Crushed Ice dazugeben.
3.	Bitte achte darauf, frischen Limettensaft zu verwenden.
4.	Ein sommerlicher Drink der Lust auf Urlaub macht. Die pure Mango.

THE BLUE DIAMOND

Zutaten:

- 2 cl Alize Liqueur Bleu Passion Wodka
- 2 cl Bols Blue Curacao-Likör
- 2 cl Bombay Sapphire Gin
- 1 cl Frischer Limetten-Saft

Zubereitung:

1.	Alle Zutaten werden kräftig mit 2-3 Ice Cubes im Boston Shaker geshaked und danach mittels Barsieb in das Gästeglas abgeseiht.
2.	Bitte achte darauf, frischen Limettensaft zu verwenden.
3.	Ein eleganter Drink, der sich prima als Aperitif eignet.

SUGAR BABE

Zutaten:

- 2 cl Baileys Strawberries & Cream Liqueur
- 1 cl Amarula
- 2 cl Verpoorten Eierlikör
- 1 cl Dooley´s Egg Cream
- 10 cl Erdbeer-Saft
- 2 cl Pfirsich-Püree Monin
- 2 cl Sahne

Zubereitung:

1.	Alle Zutaten sowie 2 Schaufeln Crushed Ice in den Blender (Elektromixer) geben.
2.	Anschließend für ca. 30 Sekunden blenden und in ein Gästeglas gießen.
3.	Ein cremig süffiger Drink der auch als Dessert verwendet werden kann.

COCKTAIL REZEPTE OHNE ALKOHOL

MANGO FIZZ

Zutaten:

- 120 ml Ginger Ale
- Minzblätter
- 2,5 cl Mangopüree
- 1 cl Limettensaft
- 2 cl Zuckersirup
- Crushed Eis

Zubereitung:

1.	Mangopüree, Limettensaft und Zuckersirup mit 5 Minzblättern in ein hohes Glas füllen.
2.	Minzblätter mit einem Stößel im Glas andrücken.
3.	Das Glas mit Crushed-Eis befüllen.
4.	Die Mischung mit einem Löffel umrühren, dann mit Ginger-Ale befüllen und mit einen Minzzweig verzieren.

MOJITO ALKOHOLFREI

Zutaten:

- 1/2 cl Limettensirup, alternativ: Minz- oder Maracujasirup
- brauner Zucker
- Minze
- Crushed Eis
- 15 cl Ginger Ale
- 1 Limette

Zubereitung:

1.	Limette grob würfeln und mit braunem Zucker und Minze in ein Mojito Glas geben.
2.	Die Limettenstücke mit dem Stößel kräftig zerdrücken.
3.	In das Glas Crushed-Eis geben.
4.	Limettensirup über das crushed Eis laufen lassen.
5.	Die Mischung mit einem Löffel gut umrühren, dann den Drink mit Ginger Ale auffüllen.
6.	Mit Minze und einer Limettenscheibe dekorieren.

ORCHARD MIX

Zutaten:

- 4 cl Sodawasser
- 2,5 cl Birnenmus
- 1 cl Zuckersirup
- 1 cl Holundersirup
- 1 Orchideenblüte
- 1 cl Zitronensaft

Zubereitung:

1.	Eiswürfel in einen Cocktail Shaker geben.
2.	Birnenmus, Zitronensaft, Zuckersirup und Holundersirup hinzufügen.
3.	Die Mischung solange kräftig schütteln bis der Cocktail Shaker kalt geworden ist.
4.	In einem hohen Glase die Eiswürfel füllen.
5.	Den Drink durch ein Sieb in das Glas gießen und mit der Orchideenblüte verzieren.

MUSTIQUE FIZZ

Zutaten:

- 10 cl Zitronenlimonade
- 1 Maracuja
- 1 cl Maracujasirup
- Orchideenblüte
- Eiswürfel

Zubereitung:

1.	Einen Cocktail Shaker mit Eiswürfeln füllen.
2.	Zitronenlimonade, das Innere einer Maracujahälfte und Maracujasirup hinzufügen.
3.	Die Mischung gut schütteln, bis der Shaker erkältet ist.
4.	Den Drink in ein Sekt- oder Champagnerglas füllen und mit der Orchideenblüte dekorieren.

FRESH SPRING

Zutaten:

- 6 cl Ananassaft
- 1 cl Sahne
- 1 cl Zitronensaft
- 1 cl Kirschsirup
- Kirschen
- 2 cl Kokossirup
- 8 cl Kirschsaft
- Eiswürfel

Zubereitung:

1.	Eiswürfel in einen Cocktail Shaker geben.
2.	Ananassaft, Kirschsaft, Kokossirup, Sahne, Zitronensaft und Kirschsirup hinzufügen.
3.	Die Mischung kräftig schütteln, bis der Shaker sich kalt anfühlt.
4.	Den Drink mit einem Sieb in ein mit Eiswürfeln gefüllten Ballonglas gießen, mit Kirschen verzieren und mit Strohhalm servieren.

SWEET SPRING

Zutaten:

- 1 cl Zitronensaft
- 1 cl Zuckersirup
- 1 reife Kiwi
- Cocktailkirsche
- Kiwischeibe
- Crushed Eis
- 1 cl Blue Curacao Sirup
- 6 cl Ananassaft

Zubereitung:

1.	Kiwi schälen und fein pürieren (elektrischer Mixer).
2.	Crushed Eis in einen Cocktail Shaker geben.
3.	Ananassaft, Zitronensaft, Zuckersirup und Blue Curacao Sirup hinzufügen.
4.	Die Mischung kräftig schütteln, bis der Shaker kalt ist.
5.	In ein hohen Glas den Drink geben, mit der Scheibe Kiwi und der Cocktailkirsche verzieren.
6.	Mit Stohalm servieren.

SPRING SUMMER

Zutaten:

- 2 cl Blue Curacao Sirup
- Orangenscheibe
- Eiswürfel
- 2 cl Zitronensaft
- 14cl Orangensaft
- Cocktail Kirsche
- 2 cl Mandelsirup

Zubereitung:

1.	Eiswürfel in einen Cocktail Shaker füllen.
2.	Orangensaft, Zitronensaft, Mandelsirup und Blue Curacao hinzufügen.
3.	Die Mischung kräftig schütteln, bis sich der Shaker kalt anfühlt.
4.	Den Cocktail in einem mit Eiswürfeln befüllten Ballonglas gießen.
5.	Mit der Cocktail-Kirsche und der Orangenscheibe verzieren.

COCONUT QUEEN

Zutaten:

- 6 cl Maracujasaft
- 6 cl Ananansaft
- 3 cl Kokossirup
- 1 cl Kokoscreme
- 1 cl Sahne
- Spritzer Limettensaft
- Stück Ananas
- Eiswürfel

Zubereitung:

1.	In ein hohen Glas Eiswürfel geben.
2.	Maracujasaft, Ananassaft, Kokoscreme und Kokossirup in einen Cocktail Shaker füllen.
3.	Die Mischung kräftig schütteln.
4.	Den Drink in das Glas füllen und mit dem Stück Ananas garnieren.

PINK TONIC

Zutaten:

- 2 cl Grapefruitsaft
- Tonic Water
- 1 Grapefruitscheibe
- 1 Zweig Rosmarin
- Eiswürfel

Zubereitung:

1.	Eiswürfel in ein Tumbler Glas geben.
2.	Grapefruitsaft und Rosmarinzweig hinzufügen.
3.	Mit Tonic Water aufgießen.
4.	Mit der Grapefruitscheibe dekorieren.

SHIRLEY TEMPLE

Zutaten:

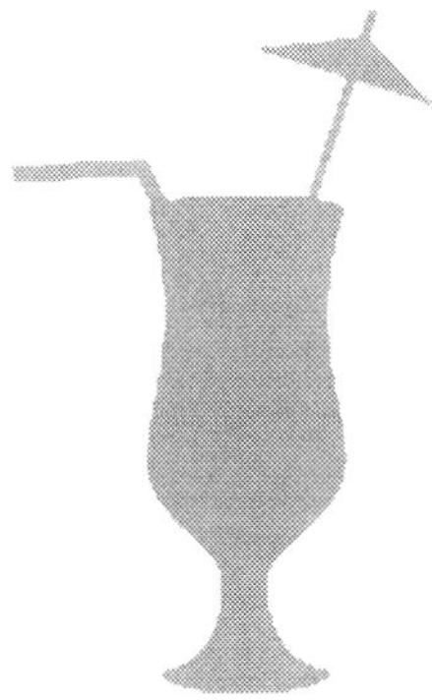

- 10 cl Ginger Ale
- 10 cl Zitronenlimonade
- 1/4 Zitrone
- 1 Schuss Grenadine
- Cocktail Kirsche
- Zitronenschale
- Eiswürfel

Zubereitung:

1.	Eiswürfel in ein Highball Glas geben.
2.	Ginger Ale und Zitronenlimonade hinzufügen.
3.	Über dem Drink die Zitrone auspressen, dann die Grenadine zugeben.
4.	Die Mischung umrühren.
5.	Mit der Cocktail Kirsche und der Zitronenschale garnieren.

FLAMINGO

Zutaten:

- Minzblätter
- Eiswürfel
- 8 cl Ananassaft
- 1 cl Zitronensaft
- 8 cl Grapefruitsaft
- 1 cl Mandelsirup

Zubereitung:

1.	In den Shaker ungefähr 5 Eiswürfel geben.
2.	Alle Säfte und den Mandelsirup hinzufügen und kräftig schütteln.
3.	Mit Eiswürfeln ein Longdrink Glas befüllen.
4.	Die Saftmischung durch ein Barsieb in das Glas abseihen und mit Minzblättern dekorieren.

GREEN TONIC

Zutaten:

- 20 cl Tonic Water
- 2-3 Gurkenscheiben
- 1 Rosmarinzweig
- 1 Limettenscheibe
- Eiswürfel

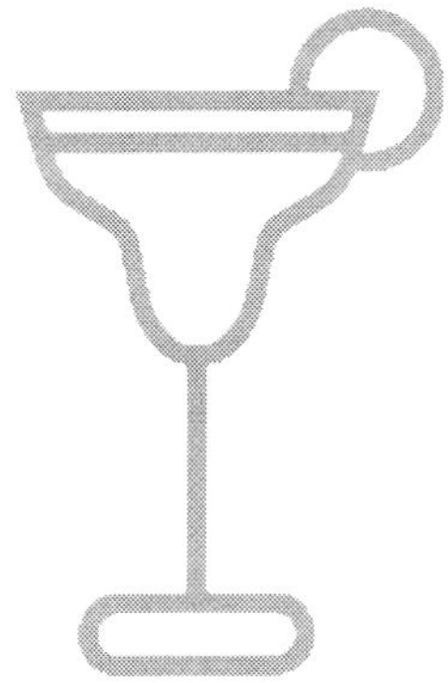

Zubereitung:

1.	Eiswürfel in ein Longdrinkglas geben.
2.	Gurkenscheiben, Limettenscheibe und den Rosmarinzweig hinzufügen.
3.	Mit Tonic Water aufgießen.

PELICAN

Zutaten:

- 8 cl Grapefruitsaft
- Crushed Eis
- 2 cl Zitronensaft
- 2 cl Maracujasirup
- 1 Grapefruitzeste für die Deko
- 6 cl Orangensaft
- 1 Cocktailkirsche

Zubereitung:

1.	Orangensaft, Grapefruitsaft, Zitronensaft zusammen mit Sirup in einen Cocktail Shaker geben.
2.	Die Mischung kräftig schütteln, bis sich der Shaker kalt anfühlt.
3.	Ein großes Cocktail Glas zur Hälfte mit Crushed Eis füllen.
4.	Den Shaker-Inhalt durch ein Sieb in das Glas geben.
5.	Mit der Grapefruitzeste verzieren.

VIRGIN STRAWBERRY

Zutaten:

- 10 Erdbeeren, gefroren
- 1 Erdbeere, nicht gefroren für die Deko
- 4 cl Kokosnusscreme
- 14 cl Ananassaft

Zubereitung:

1.	Die gefrorenen Erdbeeren, die Kokosnusscreme und den Ananassaft im Mixer gut pürieren.
2.	Die cremige Flüssigkeit in ein Cocktailglas geben und mit der Erdbeere den Glasrand verzieren.

FAZIT

Denken Sie daran: Jede Kunst benötigt viel Übung, um gemeistert werden zu können. Bis jetzt ist noch kein Meister vom Himmel gefallen. Seien sie einfach Geduldig und schon bald haben Sie den Faden raus!

Wir haben eine kleine Übung für Sie: Suchen Sie sich zuerst 10 Cocktails aus diesem Rezeptbuch heraus und kaufen Sie sich alle Zutaten. Schicken Sie dann Einladungen an Ihren Freundeskreis heraus. Wenn dann die ersten Leute eintreffen, können sie mit dem Vorbereiten der Cocktails beginnen. Daraus können sie eine super Probier-Session machen während Sie sich gleichzeitig im Mischen von Cocktails üben.

Ob Sie es glauben oder nicht, es ist leichter, zu Hause für sich etwas zu mischen, als Cocktails für eine Gruppe mit Mehreren Leuten zuzubereiten. Es geht es dabei nämlich nun nicht mehr darum, dass die Mische stimmt und die Zutaten richtig sind. Es geht nun auch um ihr Tempo beim Zubereiten und es geht darum, dass Sie sich den Wunsch ihrer "Gäste" merken, damit sie den Cocktail später auch wieder einer Person zuordnen können. Dies alles ist gar nicht so einfach, wenn sie unter Druck stehen und zudem noch Anfänger im Mischen sind.

Kurzgesagt: Üben Sie am besten einige Male in einem kleinen Kreis mit Freunden und Bekannten, damit Sie in der Praxis den Trick heraushaben. Sie können so viele

Theoriebücher lesen, wie sie wollen- werden sie nicht praktisch aktiv, werden sie sich auch nicht verbessern!

Wir hoffen, dass dieses Rezeptbuch Ihnen neue Inspirationen bezüglich Cocktails geben und ihnen einige Tipps vermitteln konnte, sodass Sie ihr neues Hobby oder sogar eine professionelle Karriere als Barkeeper motivierter denn je angehen können.

Viel Spaß beim Mixen und viel dank fürs Lesen!

IMPRESSUM

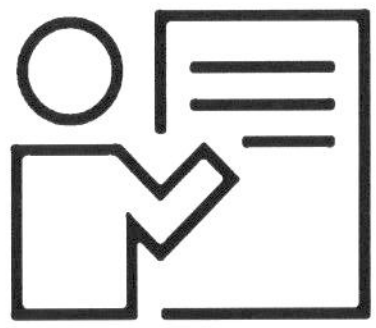

Rocka Maldini
120, Old Railway Track
SVR 9017,
Santa Venera
Malta

malta.publishing@gmail.com

Coverfoto: www.shutterstock.com

Coverdesign: Alexey Designs

Risiko-Hinweis und Haftung

Empfehlungen, Charts und Tabellen für verlässlich, jedoch können wir keine Garantie für Richtigkeit und Aktualität übernehmen. Die Inhalte in diesem Werk sind nach bestem Gewissen verfasst, wir halten unsere Quellen für verlässlich, aber auch hier können wir keine Garantie auf Richtigkeit und Aktualität geben. Die Informationen geben lediglich einen Einblick in die Meinung der Verfasser.

Haftungsausschluss

Die Inhalte wurden mit größtmöglicher Sorgfalt erstellt. Der Autor übernimmt jedoch keine Gewähr für die Richtigkeit und Vollständigkeit der hier befindlichen Informationen sowie bereitgestellten Inhalte.

Urheber- und Kennzeichenrecht

Bei den Inhalten die erstellt wurden, werden die Urheberrechte Dritter beachtet. Insbesondere werden Inhalte und Rechte Dritter als solche gekennzeichnet. Sollte der Nutzer trotzdem auf eine Urheberrechtsverletzung aufmerksam werden, bitten wir um einen entsprechenden Hinweis. Bei Bekanntwerden von Rechtsverletzungen werden wir derartige Inhalte umgehend entfernen.

Printed in Poland
by Amazon Fulfillment
Poland Sp. z o.o., Wrocław

13468237R00066